AF359523

P.-G. LA CHESNAIS

LA
DOUBLE LOI ÉLECTORALE

(Extrait de la REVUE SOCIALISTE)

PARIS
LIBRAIRIE DES SCIENCES POLITIQUES ET SOCIALES
MARCEL RIVIÈRE & Cie
31, rue Jacob et 1, rue St-Benoît
—
1912

La double loi électorale

Pendant plus d'un an, la Chambre a bataillé pour n'arriver à émettre que des votes négatifs ou vagues, ou concernant des articles secondaires de la loi électorale. Puis, les radicaux ayant brusquement abandonné leur méthode d'obstruction, l'Assemblée a soudain passé, le 18 mars dernier, d'une lenteur ridicule à une rapidité inconsidérée. On a voté presque sans discussion des textes très complexes, comprenant un grand nombre de paragraphes, et qui donnent la solution complète des deux problèmes à résoudre, en bloc, et sans en examiner un instant le détail.

On sait quels sont ces deux problèmes. L'un est la détermination du nombre des sièges qui doivent être attribués à chaque liste. Ce premier problème a été constamment au premier plan, ou plutôt c'est à peu près le seul qui ait occupé la Chambre.

Le second n'est pourtant guère moins important pour assurer aux électeurs une réelle liberté dans l'expression de leur sentiment politique : c'est celui de la désignation des élus de chaque liste. La solution en a été partiellement donnée, d'une manière implicite, en juillet dernier (à propos du vote de l'article 2, qui traite d'un autre sujet. La solution complète a été votée le 19 mars, après une discussion très superficielle, et la méthode adoptée a été celle qui a été longtemps pratiquée à Genève, et y était l'objet des seules critiques que l'on y adressait à la R. P. Il était naturel, après tant de discussions oiseuses sur les modes de calcul, que le second problème de la R. P. fût escamoté, et résolu de façon fâcheuse. Je ne discuterai pas, cependant, la solution adoptée sur ce point dans le présent article (1).

Enfin je mentionne que, dans les séances des 25 et 26 mars, la Chambre a décidé de calculer le nombre des sièges revenant à chaque département, non plus d'après le chiffre de la population, mais d'après le chiffre des inscrits de l'année des élections législatives précédentes.

Je me propose ici d'examiner comment fonctionnerait, dans la réalité, la solution adoptée pour le problème arithmétique de la loi électorale.

La loi établit des régions. Mais les circonscriptions se suffisent à elles-mêmes, lorsqu'un groupe de partis apparentés y obtient la majorité absolue. Toute circonscription où la majorité absolue est atteinte reçoit sa représentation complète sans qu'il soit besoin d'examiner les chiffres du scrutin dans les autres circonscriptions : elle est, en quelque sorte, retirée de la région. Une fois ces circonscriptions là pourvues de leur représentation, conformément aux règles édictées dans les deux premiers paragraphes de l'article 21, on s'occuperait des autres circonscriptions, et on leur appliquerait d'autres règles, tout à fait différentes, asez compliquées, exposées dans les deux derniers paragraphes du même article 21 et dans les articles 22, 23 et 24 (celui-ci non encore voté). Il faut donc expliquer séparément les deux lois électorales distinctes que le projet prévoit, suivant qu'une majorité absolue se serait ou ne se serait pas affirmée dans une circonscription.

Loi électorale des circonscriptions à majorité absolue

C'est, à très peu près, l'ancien projet Painlevé, qui a fini par si bien réaliser, pour un jour, l'accord des partisans et des adversaires de la réforme, lorsque la Chambre, le 23 janvier dernier, l'a rejeté par 457 voix contre 91. Voici comment

(1) Je l'ai fait dans la *Grande Revue* du 25 février 1911.

Il s'appliquerait, par exemple, aux chiffres du scrutin de mai 1910 (premier tour) dans le département de l'Oise (1). Elles avaient donné, en modifiant très légèrement les chiffres pour rendre l'exemple plus caractéristique :

Socialistes	6.000	voix
Radicaux.	33.800	»
Républicains démocrates	16.700	»
Progressistes	15.000	»
Droite	27.000	»
Voix perdues	1.500	»
Total des votants	100.000	»

En divisant le nombre des votants par le nombre des sièges, c'est-à-dire 100.000 par 6, on obtient le *quotient* électoral, qui est donc 16.666.

On commence par attribuer à chaque liste autant de sièges que sa masse électorale contient de fois le quotient. Cela donne deux sièges à la liste radicale, un à la liste démocrate, un à la liste de droite. Il reste deux sièges à répartir.

On cherche ensuite si un groupe de listes apparentées a obtenu la majorité absolue. Si l'on suppose que les radicaux et les modérés ont fait la déclaration d'apparentement, on voit que leurs suffrages réunis atteignent 50.500. Ce groupement ayant obtenu la majorité absolue, qui est de 50.001, les deux sièges qui restent à pourvoir lui sont attribués.

Les radicaux et les démocrates auront donc en tout cinq sièges. Pour les partager entre les deux listes, on applique le système d'Hondt à la répartition de cinq sièges entre radicaux et démocrates, ce qui donne :

(1) Ceci était écrit avant que la Chambre eût décidé (26 mars) de calculer le nombre des sièges d'après le nombre des inscrits, ce qui réduirait de 6 à 5 députés la représentation de l'Oise. Mais l'exemple peut tout aussi bien servir à illustrer la loi.

Division par 1	33.800	16.700
— 2	16.900	8.350
— 3	11.266
— 4	8.450

Les cinq plus forts nombres de ce tableau décident du partage : les radicaux auront quatre sièges, les démocrates, un. Le résultat final est donc le suivant :

Socialistes.	6.000	voix	0 siège
Radicaux	33.800	—	4 —
Républicains démocrates	16.700	—	1 —
Progressistes	15.000	—	0 —
Droite	27.000	—	1 —

Les radicaux et démocrates apparentés ont dépassé la moitié des suffrages d'un chiffre tout à fait insignifiant. Ils auraient dû obtenir la moitié des sièges, soit trois. Ils en ont cinq sur six. Deux sièges leur sont attribués (un tiers de la représentation du département) pour représenter les électeurs socialistes, progressistes et de droite. Car si ces électeurs n'avaient pas existé dans le département, le nombre de ses députés aurait été réduit, et les radicaux n'auraient eu que les trois sièges qui leur revenaient légitimement. Faire représenter les électeurs des minorités par des députés de la majorité, voilà ce qu'on appelle une « représentation des minorités ».

Avec le scrutin uninominal, lorsque le bloc de la majorité l'emporte de si peu sur l'ensemble des minorités, il est extrêmement probable qu'une représentation vraiment proportionnelle, en tout cas mieux proportionnelle que celle-ci, se réalisera. Si elle ne se réalise pas toujours parfaite, du moins le sens et la grandeur de l'erreur du scrutin uninominal ne sont-ils pas déterminés d'avance, en sorte que ces erreurs se compensent sensiblement dans l'ensemble des départements, tandis que les inexactitudes dues à la prime ainsi conférée à la majorité absolue s'accumuleraient.

Et ces deux sièges en trop, que le projet offre si généreusement à la majorité, à quelle fraction de cette majorité les attribue-t-elle ? A la seule liste radicale, qui se trouve ainsi pourvue de quatre sièges au lieu de deux qu'elle devrait avoir. Il est vrai que, dans quelque autre département, ce seront peut-être les démocrates, et cela fera compensation ? Oui, mais si, au total, le nombre des voix radicales, dans l'ensemble du pays, l'emporte de beaucoup sur le nombre des voix modérées, alors le bénéfice de la prime sera, pour la plus grosse part, acquis aux radicaux. Mais voici la compensation.

Dans tel département où l'une des fractions de la majorité serait très faible par rapport à l'autre, elle saurait qu'elle ne peut pas présenter une liste avec espoir d'obtenir un siège, elle se présenterait uniquement pour assurer la prime à l'autre fraction. Uniquement ? Il n'arrive guère qu'un parti politique travaille uniquement et gratuitement pour l'avantage d'un autre, même voisin. Quelque chose serait demandé en échange. L'inique grossissement d'un parti signifierait sa soumission au parti voisin « désintéressé » qui l'aurait aidé à obtenir une apparente augmentation de force. C'est surtout les candidats radicaux, sous la pression du Parti républicain démocrate, qui trahiraient ainsi leurs électeurs, doublement heureux d'assurer leur élection par une alliance qui leur offrirait un prétexte « républicain » pour être conservateurs.

Le projet maintiendrait donc l'interdépendance et la confusion des partis qui composent la majorité gouvernementale actuelle. Alors que le problème politique, en bonne théorie parlementaire, est de savoir si la majorité des électeurs préfère un gouvernement « radical et radical-socialiste » ou bien un gouvernement « républicain démocrate », le système offre des combinaisons nouvelles pour que le vote des électeurs ne puisse pas faire connaître le vrai sentiment de la majorité, en sorte que les dirigeants du parti radical peuvent à la fois pratiquer une politique réactionnaire, et trouver une excuse auprès des électeurs radicaux. C'est ce mensonge, c'est l'irresponsabilité générale des partis et des hommes, c'est la veulerie croissante des caractères, et la marche de tout ralentie dans cette vase, c'est aussi, conséquence inévitable de cette belle poltique radicale, le dégoût des électeurs, leur sentiment d'impuissance, et finalement leur indifférence découragée, laissant le champ libre à toutes les aventures ; c'est tout cela que la réforme électorale devait corriger en obligeant des partis à se présenter distincts devant les électeurs, et en leur attribuant à chacun une représentation équitable. Si la confusion est perpétuée, et rendue plus subtile grâce au mensonge nouveau d'une réforme de justice habilement faussée, si la représentation des partis est plus sûrement disproportionnée par la soi-disant représentation proportionnelle que par le mode actuel de scrutin, alors il n'y a pas de doute : le scrutin uninominal, avec ses tares connues, vaut mieux qu'une loi électorale aux tares pareilles et même pires, mais que la pratique n'a pas encore révélées au corps électoral.

La confusion entre radicaux et modérés de la majorité gouvernementale est la confusion la plus grave, parce qu'elle intéresse la majorité des électeurs en même temps qu'elle fausse toute la vie politique et administrative du pays. Cette confusion est énervante pour le gouvernement, car son droit à exercer le pouvoir reste douteux, et elle est irritante pour les électeurs, dont la volonté mal connue est arbitrairement interprétée par les dirigeants de la majorité, qui s'arrangent entre eux. A moi les concessions et les monopoles, disent les chefs démocrates, et sabotons les lois ouvrières. Soit, disent les chefs radicaux, mais laissez-nous l'influence sur l'administration. Et ces compromis réussissent à faire sortir de la collaboration des radicaux et des démocrates le maximum d'excès et d'abus, en épargnant aux uns et aux autres toute responsabilité.

Et la confusion, ainsi que l'inexactitude, ne seraient pas seulement pour les partis de la majorité des vices du projet. Cette confusion, que la R. P. avait pour principal objet de faire cesser le plus possible, serait maintenue aussi entre la majorité et ses confins, de même qu'entre partis de l'opposition. Sur ce point, on a trouvé le moyen d'aggraver sérieusement le projet Painlevé.

Que l'on se reporte, en effet, à l'exemple précédent. Les progressistes et la droite pure n'obtiendraient qu'un siège, qu'ils soient apparentés ou qu'ils ne le soient pas.

Or, si l'on réunissait leurs voix, on aurait un total de 42.000, qui contient deux fois et demie le quotient électoral. Le système Painlevé aurait donné deux sièges aux partis de droite apparentés, en raison de ces deux quotients entiers, et ainsi la prime à la majorité aurait été diminuée d'un siège. La part de la majorité aurait été encore excessive, mais tout de même dans une mesure moins choquante. Avec le système nouveau, au contraire, l'apparentement joue, dans la circonscription isolée, uniquement pour rechercher si la majorité absolue a été atteinte. Le calcul des sièges revenant aux partis d'opposition se fait en les traitant comme partis distincts, même s'ils sont apparentés. Aussi la présentation des cinq listes que j'ai supposées dans le département de l'Oise serait-elle tout à fait invraisemblable : les partis de droite, connaissant, même d'une manière assez grossièrement approximative, leur force électorale locale, s'arrangeraient de manière à en tirer le meilleur parti possible — le meilleur parti pour augmenter le nombre de leurs sièges, s'entend, même si ce résultat doit être obtenu au prix de tractations nuisibles à l'indépendance et à la force réelle de chaque parti.

Quelles seraient les listes présentées ? Les progressistes n'auraient le choix qu'entre deux attitudes.

Ou bien, pour faire bloc utilement avec la droite pure, ils renonceraient à présenter une liste distincte, et alors la liste unique de droite verrait probablement diminuer son nombre total de voix sensiblement au-dessous de 42.000, mais il resterait sûrement supérieur à 33.333, ce qui suffirait pour lui assurer deux sièges au lieu d'un. Ce résultat pourrait être obtenu soit par un renoncement des progressistes à se présenter, soit par une entente, et la formation d'une liste panachée progressiste-cléricale-monarchiste.

Ou bien, craignant d'être confondus avec les cléricaux, les progressistes chercheraient à s'entendre avec le Parti républicain démocrate, et viendraient grossir les forces de la majorité. Ainsi la majorité conserverait ses cinq sièges, mais les radicaux n'en auraient plus que trois, les modérés en gagneraient un, qui reviendrait probablement aux progressistes. Même, il suffirait d'un très faible déplacement de voix pour que les radicaux perdent un second siège, et soient réduits à leur juste part, tandis que les groupe des démocrates et progressistes serait, à son tour, bénéficiaire de la prime. Et par ce moyen les progressistes, outre l'avantage probable d'un siège gagné par eux sur les radicaux, et l'avantage possible d'un second siège gagné sur les radicaux par les démocrates modérés, auraient encore l'avantage politique de rentrer dans la majorité, et d'exercer une influence sur l'attitude même des radicaux — mais en renonçant, ou à peu près, à leur propre existence comme parti.

Laquelle de ces deux combinaisons aurait le plus de chances de se produire ? Les progressistes s'uniraient-ils à la droite pure ou aux modérés de la majorité ? Ils agiraient, sans doute, au mieux des circonstances, qui varieraient d'un département à l'autre. Ils se demanderaient surtout, dans chaque circonscription, si l'alliance avec la droite, tantôt monarchiste, tantôt seulement cléricale, serait plus ou moins compromettante, et si les radicaux locaux sont assez modérés pour que l'apparentement soit acceptable avec eux. Voilà comment, des radicaux-socialistes à la droite pure, les résultats des élections dépendraient des pressions transmises de proche en proche et des contrats passés entre partis voisins.

Pourtant, la raison principale qui a communiqué aux progressistes leur ardeur proportionnaliste, était leur désir de se présenter aux élections comme un parti plus nettement distinct, et, notamment, de n'être pas confondus avec les cléricaux.

Ainsi on ne pourrait espérer, avec ce mode de scrutin, la moralisation de la vie politique par une clarté plus grande assurant aux électeurs un contrôle plus réel et une faculté d'expression plus précise. Les grands partis en voie d'organisation depuis douze ans se substitueraient au corps électoral impuissant, et les traités qu'ils passeraient entre eux seraient considérés comme la traduction fidèle de l'opinion publique qu'ils empêcheraient de s'affirmer.

J'ai montré seulement, jusqu'ici, la confusion lamentable que produirait la future loi électorale parmi les partis non socialistes. Cela est très fâcheux, parce que l'éducation politique de ce pays serait par là considérablement retardée. Cela est d'autant plus fâcheux pour nous, socialistes, que le système causerait le maximum de confusion et de malaise parmi les électeurs radicaux, parmi la gauche de la majorité, c'est-à-dire parmi les électeurs où nous devons principalement nous recruter. Ces électeurs seraient ainsi conduits au renoncement à l'action ou au césarisme, plutôt que vers le socialisme. Mais, du moins, le parti socialiste pourrait-il se présenter distinct aux élections ? Pourrait-il éviter les tractations et les ententes tacites qui l'ont tellement dégoûté du scrutin uninominal ? S'il en était ainsi, le parti socialiste, en acceptant la réforme électorale telle quelle, ferait le beau geste de sacrifier un grand nombre des sièges auxquels il a droit — probablement près de la moitié — pour consentir à un mode de scrutin qu'il saurait détestable, mais qui lui permettrait, à lui, seul entre tous les partis, d'obtenir l'avantage essentiel de clarté, de probité politique, qu'une représentation vraiment proportionnelle aurait procuré à tous.

Malheureusement cet avantage, même restreint au seul parti socialiste, ne serait pas atteint. Considérons encore, en effet, l'exemple de l'Oise. La situation des socialistes s'y trouve la même dans 77 circonscriptions sur 104. Cette situation est caractérisée par ce fait que les voix socialistes n'atteignent pas le quotient électoral entier : ce sont, par suite, des voix perdues, si une liste socialiste est présentée sans qu'aucun apparentement ne soit consenti.

Tant pis ! diront stoïquement beaucoup de socialistes. Nous subirons cette perte. Mais on sait bien que la plupart de ces mêmes socialistes, le moment venu, en congrès, de décider l'attitude du parti, déclareront qu'il faut laisser faire les fédérations. Et l'on sait bien que la plupart des fédérations, si elles voient la possibilité d'obtenir des sièges en s'apparentant, n'hésiteront guère. Même sans espoir de siège, elles penseront souvent qu'il y a intérêt politique à ne pas présenter de liste ou à s'apparenter. Voyez un département comme l'Ardèche, par exemple, où, avec 2.711 voix, en 1910, les socialistes auraient fait l'appoint nécessaire pour que la majorité absolue fût assurée soit à droite, soit à gauche.

Dans l'Oise, la majorité absolue est à peine dépassée par les radicaux et les modérés. Beaucoup d'électeurs socialistes voteraient sans doute pour les radicaux, afin de leur assurer cette majorité absolue si importante. La fédération serait obligée de tenir compte de cet état d'esprit. Elle se dirait que l'apparentement, après tout, permet de présenter une liste distincte et de faire la campagne électorale sans se confondre avec les apparentés... Elle s'apparenterait. Elle reprocherait aux radicaux de s'entendre avec les modérés, ceux-ci reprocheraient aux radicaux de s'entendre avec les socialistes, mais comme l'apparentement serait ici trop nécessaire, on verrait sans doute des négociations auxquelles prendraient part tous les partis de gauche, socialistes compris. Négociations véritables, tandis qu'avec le scrutin uninominal les déclarations des partis, sans conversions, peuvent aboutir à une entente tacite. Et négociations forcément secrètes, entre dirigeants, dont les conclusions seulement seraient publiques.

Mais supposons que les démocrates refusent l'apparentement socialiste, et obligent les radicaux à le refuser. Qu'arrivera-t-il ? Les socialistes compteront leurs voix. Ils n'ont eu de candidats, en 1910, que dans trois circonscriptions uninominales sur six, et n'ont donc pas recueilli toutes les voix qui auraient pu leur revenir. Supposons qu'ils peuvent espérer prendre 1.000 voix aux radicaux, 200 aux modérés, 1.000 voix aux voix

perdues. Ils sont très irrités contre les radicaux ; la nouvelle
loi électorale, mieux étudiée à la veille du scrutin, leur apparaît comme un vol organisé de mandats législatifs ; ils attri-
buent, avec raison, aux radicaux arrondissementiers, la responsabilité première et essentielle de ce vol ; pour protester
contre cela, tout leur paraît justifié ; et ils décident de proposer l'apparentement aux partis de droite, qui acceptent. Toutes
ces hypothèses n'ont rien d'invraisemblable. Et voici ce qui
arrive : Le groupe de la droite et des socialistes grossi à
8.200 voix atteint la majorité absolue, la liste radicale réduite
à 31.800 voix n'atteint qu'une fois le quotient électoral entier,
la liste modérée ne l'atteint plus, la droite et les socialistes ont
donc cinq sièges à se partager, qui reviennent, trois à la droite
pure, un aux progressistes, et un aux socialistes. Ainsi les
radicaux, au nom du principe majoritaire, seraient réduits de
quatre sièges à un seul, leurs alliés modérés perdraient le leur,
et les socialistes, sans atteindre même la moitié du quotient
électoral, en auraient un par cette petite combinaison.

On dira que de telles manœuvres ne pourraient se réaliser
dans la pratique, qu'elles seraient arrêtées par la publicité
nécessaire, sinon des tractations elles-mêmes, du moins de
leur conclusion, qu'elles seraient empêchées, ou, du moins,
limitées dans leurs effets par les pertes de voix qui en résulterait pour la liste socialiste que bien des électeurs, désireux
de voter pour elle, abandonneraient dans ces conditions. Cela
est vrai, mais dans quelle mesure ? La perte de voix ne serait-
elle pas compensée, et très largement, par l'espoir d'émettre
un vote utile, c'est-à-dire d'avoir un élu? Et peut-on mesurer
d'avance la force de l'indignation qui sera ressentie dans le
corps électoral, le jour où sera comprise la réalité du nouveau
mode de scrutin ?

Et même si des combinaisons de ce genre n'étaient pas pra-
tiquées, elles pourraient encore jouer un rôle — un assez
vilain rôle — comme méthode de chantage pour obtenir l'apparentement à gauche par la menace de l'apparentement à droite.

*Loi électorale des circonscriptions où la majorité absolue
ne serait pas atteinte*

Les règles précédentes achèvent la distribution des sièges
entre les partis pour toutes les circonscriptions où la majorité
absolue serait atteinte par une liste ou un groupement de
listes apparentées. Il faut maintenant décrire le système tout
différent qui serait appliqué aux autres circonscriptions, pour
lesquelles l'établissement de régions a été prévu.

Supposons, par exemple, une région qui comprendrait cinq
circonscriptions, et que la majorité absolue soit atteinte dans
deux seulement de ces circonscriptions. Ces deux-là sont alors
retirées de la région, telle qu'elle serait établie par le tableau
annexé à la loi, en sorte que la région véritable à laquelle
s'appliqueraient les règles que l'on va voir serait en réalité
composée des trois autres circonscriptions. Or, il pourrait très
bien arriver que, parmi celles-ci, l'une fût à l'ouest des deux
que l'on a retirées, et les deux dernières à l'est, en sorte que
la région véritable serait composée de territoires qui ne seraient
même pas contigus.

Supposons les chiffres suivants :

	Circ. I	Circ. II	Circ. III	Totaux
Nombre de sièges	3	4	7	14
Socialistes	9.250	7.750	23.000	40.000
Radicaux	19.250	18.750	29.500	67.500
Républicains démocrates	7.500	15.000	19.000	41.500
Progressistes	8.600	18.500	18.500	45.600
Droite	8.400	7.500	4.500	20.400
Voix perdues	1.000	500	3.500	5.000
Totaux	54.000	68.000	98.000	220.000
Quotient	18.000	17.000	14.000	

Les quotients électoraux sont généralement d'autant plus
forts que les circonscriptions sont plus petites.

On commence par attribuer à chaque liste, sans tenir compte des apparentements, autant de sièges que sa masse électorale contient de fois le quotient électoral local. Cela donne :

Aux socialistes.. 1 siège dans la circonscr. III (Reste : 9.000)
Aux radicaux... 1 —   —   I (--- 1.250)
—   ... 1 —   —   II (— 1.750)
—   ... 2 —   —   III (— 1.500)
Aux démocrates. 1 —   —   III (— 5.000)
Aux progressistes 1 —   --   II (— 1.500)
—   1 —   —   III (— 4.500)

Nous supposons que les listes radicales et démocrates sont toutes apparentées, ainsi que les listes progressistes et de droite. On constate que, dans ces conditions, aucun groupement de listes n'a obtenu la majorité absolue dans les limites d'une des trois circonscriptions. Comme huit sièges ont été attribués, il y a six autres sièges « en l'air » qui seront attribués régionalement.

Pour cela, on fait les totaux des voix apparentées :

Socialistes 40.000
Radicaux et modérés........... 109.000
Progressistes et droite......... 66.000

et l'on applique à ces trois masses électorales globales la méthode d'Hondt, pour 14 sièges, ce qui donne :

Socialistes .... 2 sièges (dont 1 déjà attribué)
Radicaux et démocrates... 8 — (— 4   —   )
Prog. et droite........... 4 -- (— 2   —   )

Il reste donc à distribuer un siège à l'une des listes socialistes, 4 sièges entre les listes radicales et modérées, et 2 sièges entre les listes progressistes et de droite, et cela de façon que la circonscription I ait trois sièges (elle en a déjà un), que la circonscription II ait 4 sièges (elle en a déjà 2), et que la circonscription III ait sept sièges (elle en a déjà quatre).

Pour cela on classe par ordre de grandeur les restes des listes, en notant à quelle circonscription ces restes appartiennent. (Les masses électorales comptent pour des restes lorsqu'elles sont inférieures au quotient électoral local.) On a ainsi

> 15.000 (modérés, cir. II).
> 9.250 (socialistes, circ. I).
> 9.000 (socialistes, circ. III).
> 8.600 (progressistes, circ. I).
> 8.400 (droite, cir. I).
> 7.750 (socialistes, circ. II).
> 7.500 (modérés, circ. I).
> 7.500 (droite, circ. II).
> 5.000 (modérés, circ. III).

Et l'on procède ainsi :

En raison du plus fort reste, un siège est attribué aux modérés dans la circonscription II (cette circonscription n'a donc plus le droit qu'à un siège et le groupement radicaux-démocrates à trois).

En raison du reste suivant, un siège est attribué aux socialistes dans la circonscription III (cette circonscription n'a donc plus droit qu'à deux sièges, et les socialistes ont obtenu toute la représentation qui leur revient).

On ne tient pas compte du reste suivant, puisque les socialistes sont pourvus.

Le suivant, 8.600, donne un siège aux progressistes dans la circonscription I, qui n'a ainsi plus droit qu'à un siège, de même que le groupement progressistes-droite.

On ne tient pas compte des trois suivants, qui correspondent soit à une circonscription complète, soit à un parti pourvu.

Le second reste de 7.500 donne un siège à la droite dans la circonscription II, (cette circonscription est ainsi complète et le groupe progressistes-droite est pourvu).

Les restes suivants sont inférieurs au tiers du quotient électoral — du moins si l'on considère le quotient *régional*, qui est 15.714, et le seul dont il semble raisonnable de tenir compte ici (l'article 24, non voté, n'est pas clair sur ce point). Dans ce cas, les sièges qui ne sont pas attribués sont donnés, dans chaque circonscription encore incomplète, à la liste de cette circonscription qui a obtenu le plus de voix. Or il manque un siège à la première et un siège à la troisième circonscription : la règle les donne aux listes radicales.

Tel est ce système. Il est évidemment compliqué. L'exposition écrite en est assez pénible, plus que ne serait l'exposition orale, devant un tableau à double entrée des circonscriptions et des partis. Les gens animés d'une certaine mauvaise volonté contre la représentation proportionnelle tireront naturellement parti de cette complication. Pourtant, si l'on veut bien suivre cet exposé avec un peu d'attention, on verra que la méthode est, dans chacune de ses parties, très compréhensible et satisfaisante pour l'esprit. Elle serait même excellente si l'on en supprimait l'apparentement *intra-départemental* pour ne conserver que l'utilisation *interdépartementale* des restes, et surtout si le calcul pour la distribution globale des sièges était fondé sur la méthode des plus grands restes, au lieu de l'être sur la méthode d'Hondt.

J'indique ici le résultat final, pour la région considérée : 1° selon le projet de la commission ; 2° selon la méthode des plus grands restes, sans apparentement. La troisième colonne indique la part exacte (fractionnaire) de représentation à laquelle chaque liste aurait droit.

Socialistes	2	3	2,60
Radicaux	6	4	4,39
Modérés	2	3	2,70
Progressistes	3	3	3,06
Droite	1	1	1,32

Les socialistes sont lésés parce qu'ils ne s'apparentent pas. L'ensemble des radicaux et des modérés est avantagé d'un siège à cause du système d'Hondt. Mais dans ce groupe c'est le plus fort parti qui gagne ce siège, et même il en enlève un autre à son associé le plus faible, — en sorte que les modérés sont lésés, eux, parce qu'ils s'apparentent.

Mais malgré ces défauts aisément corrigibles, et bien que l'exemple ait été choisi de manière à les mettre en évidence, on voit que les erreurs du système ne sont pas très considérables. Cela est si vrai que les Belges, si attachés à la représentation proportionnelle par l'expérience déjà longue qu'ils en ont faite, mais connaissant les défauts du système d'Hondt et l'inconvénient des petites circonscriptions, se préparent à créer des régions, et à faire une loi électorale analogue à celle-ci, mais en fondant le calcul de la répartition globale des sièges sur la méthode des plus grands restes. Ils obtiendront ainsi un mode de scrutin presque parfait, du moins en ce qui concerne le problème arithmétique de R. P.

Combinaison des deux lois électorales

Ainsi on aurait deux lois électorales distinctes et profondément différentes : l'une détestable, absurde, véritable attentat au suffrage universel au profit des radicaux, mais qui pourrait se retourner contre eux ; l'autre, dont le principe est excellent, et qui deviendrait tout à fait satisfaisante avec quelques amendements de détail. Cependant ces deux lois font un tout.

Pour apprécier un pareil ensemble, il n'y a qu'à se demander dans combien de circonscriptions fonctionnerait chacune des deux lois, c'est-à-dire dans combien de circonscriptions la majorité absolue serait atteinte par un groupe de partis apparentés. Afin de m'en rendre compte, j'ai pris les chiffres des élections de mai 1910 dans tous les départements qui auraient eu sept députés au plus, le nombre des députés étant calculé d'après le nombre des inscrits de 1910 (1), et j'ai admis que la

---

.1) J'aurais dû, pour appliquer aux élections de 1910 les articles votés, baser le nombre des sièges de chaque circonscription sur le nombre des inscrits de 1906. ce qui aurait diminué encore un peu plus la part de représentation des circonscriptions sans majorité absolue.

« majorité républicaine » se serait partout apparentée, depuis les socialistes indépendants jusqu'aux membres de l'Alliance républicaine démocratique (aujourd'hui Parti républicain démocratique). De ce groupement j'ai exclu les progressistes, assez nombreux, qui sont, à la Chambre, inscrits à des groupes de gauche, et, par suite, comptés dans la majorité républicaine. J'ai exclu également les voix obtenues par des candidats membres à la fois, en 1910, de l'Alliance républicaine démocratique et de la Fédération républicaine, c'est-à-dire du parti progressiste organisé : j'excluais ainsi de la « majorité républicaine » M. Lebrun, actuellement ministre des Colonies. D'autre part, j'ai admis l'apparentement de toute la droite, depuis les candidats membres à la fois de l'Alliance républicaine démocratique et de la Fédération républicaine (parti progressiste) jusqu'à l'extrême droite (1).

L'avantage énorme conféré aux partis dont le groupement obtiendrait la majorité absolue dans le départemnet nous assure suffisamment que l'apparentement se réaliserait partout où cette majorité serait espérable. L'apparentement a même ceci de charmant qu'il facilite les tractations entre partis que la R P. devait supprimer, en permettant de les opérer avec décence. En fait, il est certain que l'apparentement serait partout aussi étendu que je l'ai supposé, sauf en de rares circonscriptions où soit les radicaux, soit les républicains démocratiques seraient sûrs d'avoir, à eux seuls, la majorité absolue. Il est même certain qu'en bien des endroits l'apparentement s'étendrait plus loin vers la droite, et comprendrait une partie des progressistes, particulièrement dans des départements où la droite pure est très forte, et a la majorité absolue, qui ainsi passerait à gauche, au bénéfice à la fois des progressistes et des radicaux ou démocrates. Il est certain également que lorsque la droite et la gauche sont à peu près à égalité, les voix socialistes, si elles sont peu nombreuses, feront l'appoint né-

---

(1) Les chiffres sont empruntés au *Tableau des élections législatives de 1910*, par P.-G. LA CHESNAIS et GEORGES LACHAPELLE.

cessaire pour donner la majorité absolue à la gauche, quelles que soient, d'ailleurs, les décisions prises par le parti socialiste. Pour toutes ces raisons, les résultats du système, appliqué en 1910, auraient été plus favorables encore à la gauche que ne l'indique l'application du système aux chiffres pris tels quels.

Et ayant ainsi réduit la « majorité républicaine » à sa plus simple expression, j'ai compté d'abord parmi les 73 circonscriptions n'ayant droit qu'à sept sièges au plus, celles où la majorité absolue ne serait pas atteinte, soit par le bloc de gauche, soit par le bloc de droite. Il y en a neuf.

Il y a d'abord l'Allier et le Tarn, où aucune majorité n'est, en effet, possible, parce que les socialistes, les radicaux et la droite ont tous des contingents nombreux, dont aucun ne peut espérer, avant longtemps, contrebalancer la force des deux autres, et où les antagonismes des trois partis sont très nets. Il y a ensuite l'Aisne, les Ardennes et la Somme, où les rapports numériques entre les socialistes, le centre et la droite sont comparables à ceux de l'Allier et du Tarn, mais la majorité absolue pourrait fort bien être acquise au centre par un ralliement progressiste partiel. Enfin, dans les quatre derniers départements, les minorités socialiste ou progressiste très faibles suffiraient à faire l'appoint nécessaire pour que la majorité absolue soit acquise au centre, et il n'est guère douteux que les électeurs socialistes des Hautes-Alpes, de l'Ardèche et de la Charente voudraient faire échec à la droite, et les électeurs progressistes du Var faire échec aux socialistes.

En résumé, sur les 73 circonscriptions considérées, il n'y en aurait que deux où la majorité absolue ne serait certainement pas atteinte, et trois où il est plus ou moins probable qu'elle ne le serait pas. Dans les 68 autres, elle le serait presque certainement.

On dira peut-être qu'il y aura des listes radicales dissidentes. Sans doute, il y en aura, et le parti radical ira s'affaiblissant et se dissociant. Mais ce ne seront pas des listes fantaisistes dont les voix seraient perdues, car elles doivent être présentées (art. 5, adopté) par une déclaration signée de deux cents électeurs. Si dissidente soit-elle, elle sera bien obligée de s'apparenter.

On dira encore que les combinaisons d'apparentement n'auraient pas été partout les mêmes, et que, par suite, la majorité absolue n'aurait pas été si constamment atteinte. Il est vrai que les pactes d'apparentement auraient varié, et je pourrais citer tel département où les partis se seraient, en réalité, groupés autrement que d'après la règle uniforme que j'ai adoptée. En Meurthe-et-Moselle, par exemple, au lieu d'une majorité absolue progressiste-droite, il y aurait eu probablement une majorité absolue progressiste-démocrate, qui se serait qualifiée de républicaine, et qui aurait, peut-être, aussi bien que l'autre, exclu les radicaux. Mais il est bien certain, lorsque la prime offerte à la majorité absolue est aussi considérable qu'on l'a vu, que tous les efforts des partis tendraient à faire des blocs électoraux assez forts pour que la majorité absolue leur soit assurée, et les combinaisons ne varieraient précisément que pour mieux atteindre ce résultat. Les élections ne seraient pas faites par les électeurs, elles seraient décidées par des conférences entre dirigeants des partis, apportant chacun leur contingent électoral à la formation de la majorité, et se partageant les sièges qui en résultent. Ils seraient d'ailleurs parfaitement excusés de se livrer à ces opérations, ils y seraient même contraints, puisque, sous peine de se laisser voler des sièges, il faudrait bien que chaque parti s'efforce d'en voler lui-même.

Il suit de là une conséquence inattendue : la région disparaît.

En effet, lorsque l'on a retiré de la région toutes les circonscriptions où la majorité absolue est atteinte, il reste, çà et là, quelques rares circonscriptions où elle ne l'est pas. Mais ces rares circonscriptions auxquelles s'appliquerait le second mode du projet de loi sont isolées, chacune dans sa région, en sorte que, pour elles non plus, les unions régionales ne peuvent jouer. Toutes ces règles compliquées, qui seraient pourtant la seule partie acceptable et même assez satisfaisante du projet, tombent, faute de rencontrer dans la pratique réelle les conditions de leur application.

Ces règles pour ces circonscriptions sans majorité absolue, se réduiraient tout simplement à la méthode de d'Hondt dans les limites du département.

Mais alors, la région disparaissant, l'apparentement ne figurant plus que dans les limites de la circonscription, on voit ce que donnerait le système voté par la Chambre. C'est pour toutes les circonscriptions, tout simplement l'ancien projet Painlevé aggravé sur ce point, que, lorsqu'il y a majorité absolue, c'est-à-dire presque toujours, l'apparentement conclu ne jouerait pas en faveur des partis de minorité.

Cela dit, et demeurant vrai pour les 73 circonscriptions considérées, il convient de reconnaître que dans les grands départements, qui seraient coupés, et où se trouvent, en général, les électeurs socialistes les plus nombreux, la majorité absolue serait moins constamment atteinte. Mais ici, faute de connaître de quelle manière ces départements seraient coupés, il est impossible de donner des précisions aussi grandes. Il est probable que le système d'Hondt jouerait dans les deux circonscriptions des Bouches-du-Rhône, dans celles du Nord, du Pas-de-Calais et la plupart de celles de la Seine, dans l'une de celles du Rhône, et l'une de celles de Saône-et-Loire, c'est-à-dire dans une dizaine de circonscriptions de plus, soit, pour toute la France, dans une quinzaine de circonscriptions sur 104. Mais, si l'on considère la dispersion de ces quinze circonscriptions, on voit que les règles relatives à la réunion régionale des circonscriptions sans majorité absolue jouerait seulement dans six régions, d'après le tableau présenté par Groussier à la commission du suffrage universel dans la séance du 27 mars — cinq régions sur les vingt-cinq qui composeraient la France continentale. Les vingt autres régions n'auraient pas de réalité pratique, et ce serait le système Painlevé qui seul y fonctionnerait dans les circonscriptions étanches. Les cinq régions qui n'auraient pas été établies pour rien seraient les suivantes :

D'abord le Nord et la Seine : la région serait le simple rétablissement de l'unité départementale, rétablissement, d'ailleurs, imparfait, car il se pourrait qu'une ou deux circonscriptions de la Seine fussent exclues de la région, pourtant si
naturelle, qu'elle forme.

Puis la région Bouches-du-Rhône, Var, Vaucluse, Alpes
Maritimes, Basses-Alpes. Mais il est presque certain que les
règles relatives à la région s'appliqueraient uniquement aux
deux circonscriptions des Bouches-du-Rhône, ayant pour seul
effet, là encore, de rétablir l'unité départementale.

Il y aurait aussi la région Aisne, Ardennes, Marne, Aube qui
formerait quatre circonscriptions, parmi lesquelles deux seulement, Aisne et Ardennes, seraient probablement réunies
pour l'utilisation des restes.

Enfin, il y aurait une seule région, composée du Pas-de-
Calais et de la Somme, où les règles de la région joueraient
complètement entre départements différents, car, dans les deux
circonscriptions du Pas-de-Calais, pas plus que dans la Somme,
la majorité absolue ne serait atteinte. Encore n'est-ce pas
tout à fait certain pour la Somme.

Les rétablissements de l'unité départementale mis à part,
on voit qu'en définitive les seules clauses satisfaisantes du
projet, celles qui pourraient séduire les proportionnalistes
et les décider à voter un tel système, à titre de transaction,
ne trouveraient d'heureuse application que dans la grande
région Pas-de-Calais-Somme (20 sièges) et la petite région
Aisne-Ardennes (11 sièges), c'est-à-dire pour la distribution de
31 sièges sur 505. Et si un fort contingent progressiste ralliait
la majorité, il pourrait se faire que ces règles fussent sans
aucune application hors des limites des départements.

Statistique

Pour les 73 départements qui n'auraient pas droit à plus
de sept sièges, il était facile de faire une statistique des résultats qu'aurait donné l'application du projet aux chiffres du

scrutin de 1910 (premier tour). Quant aux autres départements, une telle statistique ne serait possible que si l'on savait de quelle manière ils seront divisés. Mais, étant admis le principe que les arrondissements ne seraient pas coupés, il n'est pas rare que cette division soit, d'avance, déterminée (Rhône, en Lyon et Villefranche), ou soit sans importance (Nord, dont les deux circonscriptions, sans majorité absolue, seraient réunies en région). J'ai donc divisé le plus raisonnablement possible tous les départements que la loi oblige à couper, sauf la Seine, supposant ainsi que ses circonscriptions seraient toutes sans majorité absolue. Je n'ai eu ainsi à diviser arbitrairement que huit départements qui auraient eu droit, dans leur ensemble, à 72 sièges.

Je n'ai tenu compte des bulletins blancs et nuls.

Je rappelle que la définition trop étroite de la gauche apparentée, ainsi que l'application aveugle des chiffres de 1910 doivent nécessairement aboutir à des chiffres trop peu favorables pour la gauche. Cela est d'autant plus certain que, faute de pouvoir faire une distinction sérieuse entre les voix progressistes et les autres voix de droite, j'ai constamment supposé groupées toutes les voix de la droite. Or, ces voix ne feraient bloc, lorsqu'elle est en minorité, que si elle a présenté une liste unique. En bien des circonscriptions, il est impossible à des progressistes de figurer sur une même liste avec des monarchistes notoires, d'où une perte sensible de sièges, puisque la droite perdrait deux restes au lieu d'un, et que les restes de minorités, si gros soient-ils, sont toujours perdus. Ou bien, si les progressistes et les monarchistes faisaient liste commune dans tel département de l'ouest, cette liste perdrait des voix d'électeurs républicains très conservateurs.

Ainsi, le système tendrait, dans les dispositions actuelles du corps électoral, à favoriser la gauche encore plus que ne le montrent mes résultats statistiques, mais cela, principalement, au bénéfice de l'aile droite de cette gauche.

Sous réserve de ces observations, voici les résultats que j'ai 'rouvés pour la France continentale, plus la Corse. Comme il y aurait fonctionnement simultané de deux lois électorales distinctes, j'ai décomposé ces résultats en deux tableaux :

1° circonscriptions à majorité absolue :

	Voix	R. P. globale	Résultats
Socialistes.	500.407	31	10
Gauche	3.352.692	208	258
Droite	2.088.209	129	100
	5.941.308	368	368

Le quotient électoral général, c'est-à-dire le nombre de voix moyen correspondant à un siège, est 16.144.

La colonne « R. P. globale » indique combien chaque parti devrait avoir de sièges, avec une représentation exactement proportionnelle, dans l'ensemble des circonscriptions considérées. On voit que les socialistes seraient réduits au tiers de l'effectif qui leur reviendrait légitimement. La droite perdrait moins qu'eux. Mais, comme on a vu, le système lui serait notablement plus défavorable que ne l'indique ce tableau.

2° Circonscriptions sans majorité absolue :

	Voix	R. P. globale	Résultats
Socialistes	609.922	35	34
Gauche	998.432	58	59
Droite	764.379	44	44
	2.372.733	137	137

Le quotient électoral général est de 17.319.

Le contraste est frappant. A un siège près, acquis par la gauche au détriment des socialistes, les résultats sont presque exactement proportionnels. Cela prouve combien les règles de calcul, d'apparence si compliquées, concernant la région, seraient en réalité satisfaisantes, si elles étaient généralisées et appliquées à toute la France.

Mais — si l'on veut considérer ce système comme une transaction — il faut comparer, avant tout, la part du bon et la part du mauvais. Or la part du bon concerne 2.372.733 électeurs sur un total de 8.314.041, soit un peu plus du quart, exactement 28,5 0/0.

Aussi ne faut-il pas s'étonner si, en réunissant les résultats du quart de France jouissant de la loi électorale n° 2 aux résultats des trois quarts de France majoritaires, le total est fâcheux. Ici, afin de permettre la comparaison avec les résultats du scrutin uninominal, qui donnait, en 1910, 581 députés pour la France et la Corse au lieu de 505, je déduis proportionnellement le nombre des sièges qu'il a donnés à chaque groupe, de manière que le total soit aussi 505.

	Projet	Scrutin uninom.	R. P. globale
Socialistes	44	65	68
Gauche	317	293	264
Droite	144	147	173
	505	505	505

Ainsi apparaît nettement que le système de la « représentation des minorités », dans son ensemble, et malgré son quart de représentation exactement proportionnelle, sacrifierait les minorités encore plus que le système majoritaire. Il conférerait à la majorité, au delà de l'avantage indu que lui procurait déjà le scrutin uninominal (29 sièges), un surplus d'avantage presque égal (24 sièges).

Son injustice s'exercerait surtout au détriment des socialistes parce que le scrutin uninominal, aux dernières élections, avait, en quelque sorte, épuisé toute l'injustice dont il était capable au détriment de la droite. Le nouveau système, capable de mieux, aurait conservé toute cette injustice à l'égard des minorités de droite, l'aurait même légèrement augmentée, mais y aurait ajouté encore une injustice presque égale en grandeur absolue, donc relativement plus forte, au détriment des socialistes. Et remarquez que le gain réalisé par le centre sur la droite était obtenu, sous le régime du scrutin d'arrondissement, à la condition que le centre donnât souvent ses votes aux socialistes et ne fît pas peser sur eux l'iniquité du système. Par là cette iniquité se trouvait limitée. Avec le projet, elle pèserait sur toutes les minorités impartialement. Voilà ce que l'on appelle la représentation des minorités. « Un minimum de représentation des minorités », a dit M. Ferdinand Buisson. En effet.

On dira : les chiffres, en 1914, ne seront plus les mêmes, déjà, en 1910, ils auraient été autres, si les élections n'avaient pas été faites au scrutin uninominal. Des statistiques appliquant un mode de scrutin aux résultats d'élections faites par un autre système ne peuvent rien prouver.

Je sais très bien les restrictions qu'il convient d'apporter à la valeur de ces statistiques. Si l'on appliquait le projet aux chiffres électoraux de 1910 dans tel département déterminé pour en déduire ce que seraient dans deux ans, ou même ce qu'auraient été, il y a deux ans, les résultats d'un scrutin sous le régime nouveau, on risquerait de se tromper. J'ai, moi-même, indiqué déjà que dans telle circonscription où la majorité absolue a été presque, mais pas tout à fait atteinte, elle l'aurait été certainement, attendu qu'elle serait devenue le but des efforts de la gauche. Mais du moins, ces statistiques reposent sur des chiffres réels, que je n'ai pas choisis, sur des chiffres expressifs des rapports qui existent, en France, entre les forces des partis, et sur des chiffres variés, puisque les circonscriptions sont nombreuses. Il n'est pas possible de parvenir par un autre moyen à une présomption plus sûre des effets réels du système en France, dans l'état présent des relations entre les partis, et de leurs forces. Et le système exerçant sur eux une véritable contrainte, il n'est pas douteux qu'il tendrait à modifier les chiffres sur lesquels je me fonde dans un sens qui pourrait seulement renforcer mon argumentation.

Et si l'on veut, quand même, nier la valeur de ces prévisions, que l'on en présente donc d'autres. Il serait d'une trop commode et paresseuse méthode de nier, tout simplement, la valeur de ces statistiques. Ceux qui présentent un système ne sont-ils pas dans l'obligation d'en montrer non pas seulement le fonctionnement technique, mais aussi les effets et la pratique ? Je suis convaincu que personne n'avait vraiment étudié le système lorsqu'il a été voté.

Les partis évoluent, et lorsqu'ils sont nombreux, comme en France, ces évolutions peuvent aisément se traduire par des changements dans les alliances et les apparentements. La tendance actuelle de la majorité est d'englober de nouveaux contingents d'électeurs sur sa droite, les radicaux étant de plus en plus dans la mouvance du parti républicain démocratique. En même temps, la tendance des progressistes est de se séparer des cléricaux, qui les compromettent, et de se rapprocher de la majorité pour mieux imposer leur politique, reprendre une part de la direction administrative et devenir ministrables. De ce double mouvement, il y a lieu d'augurer un grossissement de la majorité, une augmentation du nombre des circonscriptions où elle atteindrait la majorité absolue, donc, une réduction de la part, pourtant déjà si médiocre, qui serait réservée à la seconde des deux lois électorales qui composent le système, à celle qui serait satisfaisante.

Voilà, si l'on veut essayer de prévoir dans quel sens les résultats statistiques seraient modifiés dans un avenir prochain, à quoi il faudrait s'attendre. Le système lui-même aiderait, provoquerait une modification dans ce sens. Il en résulterait une diminution encore plus sensible des minorités, et particulièrement des socialistes. Quant à la majorité, je laisse à penser quel affaiblissement elle subirait par le fait d'une augmentation numérique acquise dans ces conditions. On a prétendu que la R. P. rendrait le gouvernement quelquefois impossible. Mais quel gouvernement serait possible avec un semblable assemblage des éléments qui s'affirment les plus opposés à tous égards, et particulièrement en matière économique ? Il faudrait nécessairement une abdication d'une aile de la majorité, et l'on sait déjà laquelle abdiquerait.

Un minimum de représentation proportionnelle des minorités. C'est bien cela. C'est en réalité, un système plus majoritaire que le scrutin uninominal. Il est majoritaire, par principe, en faveur d'un parti ou d'un groupe de partis déterminés, et concède seulement aux minorités le minimum de représentation qui ne pourrait leur être refusé sans un trop grand scandale.

Je sais un assez grand nombre de socialistes — même parmi les élus — qui sont animés d'une sorte de passion du sacrifice. Qu'importe, disent-ils, que nous soyons réduits d'un tiers, ou même de la moitié, pourvu que nous ayons la réforme électorale, et que nous puissions enfin avoir des députés appartenant vraiment au parti, élus sans compromissions, par les électeurs socialistes, et non par une coalition d'électeurs bigarrés. C'est oublier un peu facilement que les élus capables de faire du travail parlementaire utile ne sont déjà pas assez nombreux pour la besogne, que la propagande du parti se fait, pour une grosse part, par les élus, et que le budget du parti souffrirait grandement de la diminution de leur nombre. Mais passons sur ces considérations, oublions l'organisation pour ne voir que la politique. Oh, alors, je le reconnais, s'il était possible d'obtenir, au prix d'une réduction, même très sensible, du groupe parlementaire, que les élections socialistes ne fussent plus entachées d'aucune tractation, d'aucune entente, même tacite, fussent faites sous la seule influence des électeurs du parti, oui, alors, le bénéfice moral serait considérable et mériterait que l'on consentît des sacrifices douloureux, qui, d'ailleurs, seraient sans doute momentanés, parce que ce bénéfice moral ne tarderait pas à se traduire par une croissance de force réelle.

En serait-il ainsi ? Dans une faible mesure, oui. Uniquement pour le parti socialiste, bien entendu, car les autres, avec leurs apparentements, seraient condamnés, même dans les départements sans majorité absolue, à une confusion croissante. Mais dans ce quart de la France où fonctionnerait la loi n° 2, les socialistes pourraient, semble-t-il, sans apparentement, et par leurs propres voix, obtenir leur dû. Et il se trouve que, dans ce quart de la France, ils comptent plus de la moitié de leur contingent total.

Mais dans le reste — les trois quarts — du pays ? On serait contraint non plus aux ententes tacites, mais bien aux tractations positives ou au renoncement. Choix pénible, conclusion détestable de toute façon. Et la propagande serait arrêtée ou faussée précisément où elle est le plus nécessaire. Et l'on aurait deux attitudes, deux politiques, une pour chacune des deux portions de la France. Quel danger.

D'ailleurs, si les conditions politiques actuelles rendraient aux socialistes seuls — dans le quart de la France et pour la moitié de leur contingent électoral — la possibilité de former un parti vraiment distinct et indépendant, il faut prévoir que ces conditions ne dureront guère. Il est arrivé fréquemment que les règles électorales adoptées dans l'intérêt d'un parti se sont retournées contre lui. Si, par exemple, à un moment donné, la majorité gouvernementale, située plus à droite qu'elle ne l'est aujourd'hui, laissait en dehors d'elle, sur sa gauche, outre les socialistes, une fraction républicaine assez importante, les socialistes se trouveraient, vis-à-vis de cette fraction, dans la même position que les progressistes, aujourd'hui, vis-à-vis de la droite pure : forcés par l'apparentement de la majorité à s'apparenter aussi, sous peine de perdre de nombreux sièges, même dans le quart du pays où fonctionnerait la loi la meilleure.

Et il serait bon de songer, plus que les socialistes n'ont coutume de le faire, à ce qui se passe dans les autres partis, et principalement à ce qui se passe dans les partis qui composent la majorité. Si les conditions générales de la vie politique sont mauvaises, il ne se peut pas qu'elles soient bonnes pour eux. Faut-il rappeler que les grands courants d'idées, conformément à la doctrine même du parti, sont déterminés par les forces sociales dirigeantes ? Il serait facile de montrer que les idées socialistes, dans la forme variable qu'elles revêtent à chaque instant, sont singulièrement influencées par leurs adversaires encore presque tout puissants. Le parti socialiste ne sera jamais vraiment organisé, son action ne sera jamais méthodique (non plus que celle des syndicats) tant que les partis bourgeois érigeront la confusion en système. Loin de désirer une loi électorale qui puisse l'assainir un peu lui-même — et tant pis pour les autres ! — le parti socialiste, dans son propre intérêt, devrait souhaiter, avant tout, un assainissement de la vie politique générale, sans songer à son profit particulier.

Il est peut-être malheureux que l'on soit obligé de renoncer à la vieille idée chrétienne qu'un sacrifice est nécessaire pour obtenir un grand bien. Mais qu'y faire ? Pour atteindre un progrès réel dans la manière dont le parti se présentera aux élections, il n'y a qu'un moyen, c'est de vouloir une véritable R. P., qui, en même temps, assurerait au parti socialiste le nombre d'élus auquel lui donne droit le nombre de ses électeurs. L'exactitude arithmétique n'est pas le but qu'il poursuit, mais son but ne peut pas être atteint sans cette exactitude arithmétique. Et ainsi serait acquis, en même temps, à tous les autres partis, le bénéfice de la réforme, qui ramènerait, autant que le comporte la société actuelle, la saine clarté de la vie politique.

Je ferai, sur les résultats de la statistique, une dernière remarque. On a vu que le quotient électoral général de l'ensemble des circonscriptions à majorité absolue était 16.144, tandis que celui de l'ensemble des circonscriptions sans majorité absolue était 17.319. La différence est sensible. A quoi tient-elle ? Si l'on répartissait les 505 sièges entre les deux portions de la France proportionnellement aux suffrages exprimés, on trouve que la loi n° 1 ne devrait s'appliquer qu'à 361 sièges, et la loi n° 2 à 144 sièges, soit sept sièges en moins et en plus.

L'explication est évidente. La loi n° 2 s'appliquerait précisé-

ment dans les circonscriptions où se trouvent les grandes villes
et les centres ouvriers (Allier, Ardennes, Bouches-du-Rhône,
Pas-de-Calais, Nord, Rhône, Seine, Somme, Tarn, etc.). Ce sont
les circonscriptions dont la représentation serait le plus diminuée par le fait de la substitution du nombre des inscrits à la
population pour déterminer le nombre des sièges. C'était d'ailleurs l'effet prévu par ceux qui ont proposé cette substitution.
On peut mesurer cet effet : sept sièges de moins pour la loi
satisfaisante, sept de plus pour l'autre. Et cela est peu de chose
auprès de la fraude que provoquerait cette disposition.

Position de la question

La plupart des députés sont convaincus que les textes jusqu'ici votés ne seront jamais appliqués. Partisans et adversaires de la réforme électorale sont généralement d'accord sur
ce point. Mais, qui peut prévoir, quelques mois d'avance, le
sentiment de la Chambre ! Il m'a donc paru prudent de prendre
au sérieux des textes qui, ayant été votés, pourraient aussi
être maintenus. D'ailleurs, ces textes établissent une fausse
R. P., après d'autres, et il convenait de montrer, une fois de
plus, que les fausses R. P. sont des systèmes majoritaires.
Qu'est-ce qui caractérise ces fausses R. P.? C'est la *prime*, ce
transfert arbitraire des restes obtenus par les partis de minorité à la masse électorale de la majorité. C'est, en principe,
la même opération qui fait représenter la totalité des voix d'une
circonscription uninominale par l'élu de la majorité. Seulement le grand nombre des circonscriptions uninominales, et la
variation plus grande, à cause de leur petitesse, des rapports
des forces entre les partis dans leurs limites, font que les
majorités varient beaucoup d'un arrondissement à l'autre,
tandis qu'elles varient peu d'un département à l'autre, et alors
des compensations s'établissent, qui limitent l'injustice du
scrutin uninominal. Au contraire, avec la majorité absolue
atteinte presque dans tous les départements par le même
groupe de partis, on est parvenu, grâce à la prime, à réaliser

cette série de projets paradoxaux, ou « l'élargissement » du scrutin est un moyen de diminuer la faculté d'expression de son sentiment politique par l'électeur, de rendre son verdict plus confus, et de renforcer encore les partis de majorité, déjà trop favorisés.

C'est par la prime que ces soi-disant R. P. deviennent de véritables systèmes majoritaires. L'apparentement, sans la clause en faveur de la majorité absolue, ne fausserait les élections à ce point ni arithmétiquement ni politiquement. Je sais bien qu'il donnerait à l'ensemble des partis de la majorité l'assurance que la légère inexactitude du système d'Hondt en faveur des plus fortes listes tournerait à l'avantage du « parti républicain ». Et ceci peut bien s'appeler aussi une prime. Mais c'est une prime que mes statistiques diverses et des calculs de probabilité (1) me permettent d'évaluer de 2 p. 100 environ par rapport au nombre total des sièges, tandis que la prime du projet voté serait de plus de 10 p. 100, d'après les chiffres de 1910, et probablement bien plus forte encore. Il n'y a pas de comparaison possible entre une erreur qui dépasserait 53 sièges sur 105, doublant l'erreur du scrutin uninominal, et une erreur d'une dizaine de sièges, réduisant au tiers l'erreur du scrutin uninominal. Même, à défaut de la R. P. intégrale par le groupement des circonscriptions, je conçois que l'on peut trouver des avantages, malgré cette légère prime de 2 p. 100 au système d'Hondt sur la méthode des plus grands restes, et à l'apparentement sur les listes de partis trop nettement opposées

Et ce qui fait surtout la différence entre l'apparentement avec prime à la majorité absolue et l'apparentement sans cette prime, c'est que par le fait de cette prime énorme, les partis contracteraient certains apparentements, même avec répugnance, et contre leur intérêt politique, auquel ils seraient tentés de préférer l'intérêt électoral, tandis que la petite prime du système d'Hondt pourrait bien inciter les partis de la majorité à ne pas se disperser, mais elle n'est certainement pas

(1) *Revue Scientifique.* 9 et 16 février 1907.

suffisante pour leur faire contracter des alliances étendues et peu naturelles : car il ne s'agit jamais de plus d'un siège, et dont l'obtention serait toujours incertaine. Avec le système d'Hondt, et l'apparentement simple, ils s'apparenteraient, mais sans se confondre et dans la mesure où ces unions ont quelque justification politique.

C'est la prime qui a rendu toute la discussion si trouble, depuis le moment où, à la fin de 1910, M. Painlevé est venu proposer son amendement. Pour ou contre la prime, là était la véritable bataille à livrer. Les proportionnalistes ont eu peur de se faire battre, et ils ont été joués. Le 22 juin, ils ont bien réussi, à une forte majorité, à faire rejeter le fameux amendement Malavialle : « Les membres de la Chambre des députés sont élus au scrutin majoritaire ». Mais le 3 juillet ils ont laissé voter la formule du « scrutin de liste avec représentation des minorités ».

Vote sur une formule à double sens, par laquelle a paru se former une majorité qui excluait à la fois et le scrutin majoritaire et le scrutin proportionnaliste. La R. P. était atteinte indirectement, sans que la Chambre eût été appelée à se prononcer positivement sur son principe. Les adversaires étaient encouragés par le manque de confiance des partisans de la réforme en leur propre force, et même dans leur droit, car l'idée singulière de réserver une sorte de veto contre les réformes électorales au parti gouvernemental n'a pas été sans agir sur les esprits. Ceux qui auraient voté la R. P. à regret voyaient le moyen d'y échapper sans craindre les reproches de leurs électeurs, la majorité proportionnaliste commençait à s'effriter, l'obscurité profitant aux naufrageurs de la réforme. Et la méfiance, parfois injuste, pénétrant au camp des proportionnalistes, paralysait leur action. C'était le commencement de la débandade, sans qu'ils eussent livré leur vraie bataille.

Dira-t-on qu'elle aurait été perdue ? Je n'en crois rien. Sur une formule précise, la Chambre aurait voté pour la R. P. Mais quand même on aurait été battus, n'eût-ce pas été un résultat de ne plus fatiguer le public et de ne pas discréditer la réforme par des discussions confuses et des projets mal venus ? La réforme, retardée, aurait été d'autant plus sûre de passer dans de bonnes conditions au cours de la législation suivante — et peut-être avant. Il est souvent très bon, en politique, de se faire battre.

Après ces débuts, le gouvernement aurait pu encore réagir. Il aurait pu dire que le vote du 3 juillet ne pouvait pas contredire celui du 22 juin, qu'il avait été hostile à la R. P. dans la pensée d'une partie seulement de ceux qui l'avaient émis, et que les mots « représentation des minorités » n'ont de sens par là que si on entend la représentation proportionnelle. Mais M. Poincaré, proportionnaliste notoire, a prestement abandonné ses idées personnelles, et interprété la formule dans le sens le plus contraire à la réforme qu'il préconise.

Et alors on a vu le défilé des projets à prime. D'abord le système Painlevé, preesque voté le 6 juillet, et rejeté le 23 janvier. Puis la liste simple, mais avec prime, qui eût été pire parce qu'elle obligeait les partis à fusionner au lieu de simplement s'apparenter. Sans même voter sur ce projet, la commission lui a substitué le texte satisfaisant proposé par Jaurès, qui comportait le groupement des listes à la fois intra et interdépartemental, sans prime. Mais on n'a pas voté non plus sur celui-là, le gouvernement étant intervenu pour demander l'introduction d'une prime. On s'est récrié un instant, puis la commission a accepté, et c'est ainsi que les députés socialistes, sans même essayer de combattre la prime, ont voté un texte qui, sous une forme plus nouvelle en apparence qu'en réalité, institue à peu près le système Painlevé, condamné par le Congrès de Saint-Quentin. Tel a été l'entraînement fatal des conséquences de la faiblesse initiale des proportionnalistes.

Tout cela pour aboutir à un projet qui tombera, semble-t-il, soit par le retrait de l'urgence, soit par le rejet de l'ensemble. Eh bien, ce sera tant mieux ! Et j'espère que les députés socialistes, en grand nombre, sinon même tous, lorsqu'ils auront eu le temps de se mieux rendre compte de la réalité du projet, contribueront à le faire tomber.

J'ai suffisamment montré, en effet, qu'il serait détestable. Il faut songer aussi, et cela est grave, que le système, si par malheur il était appliqué, causerait probablement par ses résultats, dans presque tous les partis, un sentiment de stupeur et d'indignation, et que l'on rendrait le parti socialiste responsable, s'il ne savait pas, à temps, écarter une telle et si fâcheuse responsabilité.

Ce serait très injuste, sans doute, car les vrais responsables sont bien les radicaux antiproportionnalistes, qui ont, en réalité, mené toute la discussion, et su jouer de leurs adversaires avec une déplorable habileté. Mais, eux, seraient glorifiés de leur résistance.

Il n'y aurait qu'une raison pour voter l'ensemble du projet : c'est qu'il nous débarrasserait du scrutin uninominal. Et je sais bien que, pour beaucoup de partisans de la réforme électorale, c'est là l'essentiel. Ils sont partisans de la R. P. en principe, et prêts à voter, si possible, une R. P. aussi satisfaisante que possible, mais ils n'y tiennent pas fortement. La plupart d'entre eux sont animés d'une véritable ardeur, mais non pas pour la R. P. Et toute la bataille, en fait, a été contre le scrutin d'arrondissement. Beaucoup d'entre eux, pour arriver à la suppression du scrutin uninominal, lâcheraient même au besoin la R. P. Ils l'ont défendue surtout parce qu'elle était l'arme contre l'arrondissement. En effet, on a lâché la R. P., on en a conservé juste assez pour avoir prétexte à crier victoire.

Il est vrai que le scrutin uninominal, qui a rendu de grands services, devient de plus en plus mauvais. L'opinion l'a condamné, et avec juste raison. Il est naturel que ses tares connues empêchent de bien voir celles d'un autre scrutin, non pratiqué encore. Pourtant, il faut comparer. Pour ma part, voici dix ans que je combats le scrutin uninominal, et je répète ce que j'ai toujours dit : c'est encore le moins mauvais des systèmes majoritaires. Et le projet actuel est à mettre au nombre des systèmes majoritaires.

Si encore on pouvait espérer que la loi mauvaise serait

amendée bientôt. Mais une loi ne peut être remaniée tous les jours, on ne le fait généralement qu'après expérience, et, dans ce cas, l'expérience a lieu tous les quatre ans. En outre, la loi même créerait des bénéficiaires très disposés à attendre des expériences nouvelles.

Donc, au lieu de la formule : « Tout plutôt que le scrutin uninominal », il faut dire : « Plutôt le *statu quo* qu'une fausse R. P. ». C'est la formule la plus sûre, aujourd'hui comme hier, pour parvenir, si cela est possible encore, à renverser le scrutin uninominal.

Mais quelle sera la situation au lendemain du rejet de l'ensemble ou du retrait de l'urgence ? On peut prévoir que le gouvernement, quel qu'il soit, présentera un projet qui comporte, en faveur de la majorité, une prime aussi peu acceptable que celle du projet actuel. Le texte n'en sera pas facile à établir. Il n'est pas invraisemblable que la « majorité républicaine », à ce moment-là, sentant la menace plus prochaine des élections, soit devenue mieux disposée à l'adoption d'une réforme électorale qui protégerait ses membres contre les « remplaçants » du scrutin uninominal. Dans ce cas, la position des partis se trouverait retournée, et bien plus favorable. Mais, même sans faire cette prévision, qui est pourtant celle de bien des radicaux, si le groupe socialiste se ressaisit enfin, s'il sait profiter de l'occasion du rejet pour reprendre sa liberté entière, si la fâcheuse expérience de la tactique des concessions lui fait adopter une politique ferme — comme son appoint sera toujours nécessaire pour que la réforme électorale soit votée, il est le maître de ne laisser passer que des dispositions acceptables. Il fera peut-être ainsi échouer la loi, mais il aura livré sa bataille, et sera resté fidèle à ce qui doit être son mot d'ordre : Une véritable R. P., si non, encore un scrutin uninominal, avec la R. P. pour plateforme électorale.

P.-G. LA CHESNAIS.

IMPRIMERIE COOPÉRATIVE OUVRIÈRE

VILLENEUVE-SAINT-GEORGES (S.-ET-O.)

LA REVUE SOCIALISTE

Fondée en 1885 par Benoît MALON

ABONNEMENT :

FRANCE........................... Un an : 12 fr.   Six mois : 6 fr.
ÉTRANGER *(Union postale)*......... —   15 fr.   —   8 fr.

PRIX DU NUMÉRO : 1 fr. 25

Les abonnements partent de Janvier ou de Juillet.

Envoyer tout ce qui concerne la rédaction à M. Ernest POISSON
10, Place Denfert-Rochereau. — PARIS (XIV°)

LES

Documents du Socialisme

PUBLIÉS SOUS LA DIRECTION DE

Albert THOMAS, Député de la Seine

Chaque volume in-18 de 72 pages : **0 fr. 75**

VOLUMES PARUS :

I. *L'Unité Coopérative,* par Eugène FOURNIÈRE.
II. *Le Socialisme et la Concentration Industrielle,* par Hubert BOURGIN.
III. *La Nationalisation des Assurances,* par E. BUISSON.
IV. *Au Pays du Soleil Levant,* par Fritz KUMMER, traduit par L. RÉMY.
V. *La Civilisation Socialiste,* par Ch. ANDLER.
VI. *Coopératives et Syndicats,* par MUTSCHLER.
VII. *La Réforme de l'Assistance publique en Angleterre,* par SYDNEY et Béatrice WEBB, traduit par H. BOURGIN.
VIII. *Essai du Catéchisme Socialiste,* par Jules GUESDE.

A PARAITRE :

L'Internationale, par Georges BOURGIN.